AF248002

CATÉCHISME

A L'USAGE DES

JEUNES REPUBLICAINS

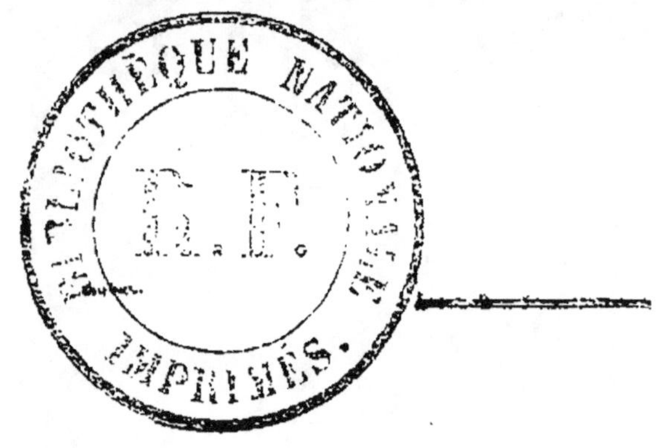

PARIS.

IMPRIMERIE DE BEAULÉ ET MAIGNAND,
Rue Jacques de Brosse, 8.

—

1848,

CATÉCHISME

A L'USAGE DES

JEUNES RÉPUBLICAINS.

CHAPITRE PREMIER.

Du Citoyen Français.

D. Qui êtes-vous?

R. Un jeune républicain Français.

D. Qu'est-ce qu'un Républicain?

R. C'est un Citoyen qui vit parmi un peuple gouverné en République.

D. A quoi connaît-on un vrai Républicain?

R. A quatre marques distinctives.

D. Quelle est la première?

R. La première marque d'un bon Républicain, ce sont les mœurs.

D. Quelle est la seconde?

R. Son respect pour les lois républicaines.

D. Quelle est la troisième?

R. Sa haine pour toute espèce de tyrannie.

D. Quelle est la quatrième?

R. C'est le dévouement absolu pour sa patrie.

D. Les Français n'ont-ils pas adopté un signe extérieur de républicanisme?

R. Oui.

D. Quel est-il?

R. C'est la cocarde tricolore.

CHAPITRE II.

De Dieu

D. Qu'est-ce que Dieu?

R. C'est le maître de l'univers et le père des hommes.

D. Pourquoi Dieu vous a-t-il mis en ce monde?

R. Pour deux choses principales.

D. Quelle est la première?

R. Pour être heureux.

D. Quelle est la seconde?

R. Pour contribuer au bonheur des êtres.

D. Où est Dieu?

R. Dieu est partout.

D. Dieu n'est donc pas renfermé dans les temples?

R. L'univers entier est le temple de Dieu.

D. Dieu voit-il tout ce qui se fait au monde?

R. Oui, puisqu'il habite jusque dans notre conscience.

CHAPITRE III.

De la Providence de Dieu.

D. Dieu se mêle-t-il des choses du monde?

R. Oui, par sa providence.

D. Qu'est-ce que la providence de Dieu?

R. C'est l'enchaînement de toutes choses.

D. Expliquez-nous cela.

R. C'est-à-dire que toutes les merveilles, tous les événements de la nature sont liés ensemble avec ordre et avec force, comme les anneaux d'une chaîne.

D. Y a-t-il plusieurs dieux?

R. Non, il n'y a qu'un Être Suprême.

R. Quelles sont les principales perfections divines?

R. Il y en a trois : la puissance, la sagesse et l'union.

D. Les prêtres n'ont-ils pas défiguré les perfections divines?

R. Oui, ils en ont fait trois dieux sous le nom du Père, du Fils et du Saint-Esprit : c'est ce qu'ils ont appelé *Trinité*.

CHAPITRE IV.

De la Religion.

D. Y a-t-il une religion ?

R. Oui, il y a une religion.

D. Qu'est-ce que la religion ?

R. C'est la manière d'honorer Dieu.

D. Est-ce que l'homme peut honorer Dieu ?

R. Oui, comme l'ouvrage honore l'ouvrier.

D. Combien y a-t-il de religions ?

R. Il ne peut y en avoir qu'une.

D. Quelle est-elle ?

R. C'est la morale universelle.

D. En quoi consiste-t-elle ?

R. Dans les bonnes œuvres.

D. Qu'est-ce qui l'a donnée au monde ?

R. C'est Dieu même.

D. Comment l'a-t-il donnée aux hommes ?

R. En la gravant dans leur cœur.

CHAPITRE V.

Du Culte extérieur.

D. Tu dis qu'il n'y a qu'une religion, et pourtant le monde est plein de religions?

R. Ce ne sont pas des religions, mais des cultes.

D. Qu'est-ce qu'un culte?

R. C'est un certain mode extérieur inventé par des hommes pour communiquer avec Dieu.

D. Est-ce qu'il est possible de communiquer extérieurement avec Dieu?

R. Non, puisque Dieu ne peut être ni vu ni entendu.

D. Le culte extérieur peut-il être utile?

R. Il peut être au contraire dangereux.

D. Comment cela?

R. Lorsqu'on s'imagine qu'il peut tenir lieu des bonnes œuvres.

D. Ce n'est donc pas Dieu qui a dit de se mettre à genoux pour l'honorer?

R. Non, car on l'honore mieux debout ou assis.

D. Pourquoi Jésus et d'autres grands législateurs ont-ils enseigné des pratiques ex-
térieures?

R. Pour enseigner plus facilement aux hommes la vérité en ménageant leur fai-
blesse.

CHAPITRE VI.

Des vertus.

D. Quelles sont donc les vertus qui forment
la vraie religion?

R. Elles peuvent se réduire à une seule qu'on
appelle la fraternité.

D. Qu'est-ce que la fraternité?

R. C'est cette vertu qui nous fait aimer nos
semblables, comme des frères aiment
leurs frères.

D. Quelles sont les principales vertus d'où
découlent toutes les autres?

R. Il y en a cinq principales.

D. Quelles sont-elles?

R. La justice, la prudence, la force, la modération et la bienfaisance.

D. Quelles sont donc les vertus qui ont rap-
port à Dieu?

R. Tout ce qui fait du bien aux hommes est une vertu devant l'Être Suprême.

D. Que fais-tu de l'amour de Dieu?

R. Aimer son semblable, c'est aimer Dieu.

D. Est-ce que Dieu ne peut être aimé pour lui-même?

R. Dieu ne peut être aimé ni connu que par ses ouvrages.

CHAPITRE VII.

De la Justice.

D. Qu'est-ce que la justice?

R. C'est cette vertu qui consiste à rendre à chacun ce qui lui est dû.

D. Qui sont ceux envers qui nous avons des devoirs à remplir?

R. Les principaux sont : la patrie, nos parents, nos amis, nos chefs, les enfants, les vieillards et nos ennemis.

D. Que devons-nous à la patrie?

R. L'obéissance aux lois et un dévouement absolu.

D. Que devons-nous à nos parents?

R. Respect, amour et assistance.

D. Que devons-nous à nos amis?

R. La vérité et la confiance.

D. Que devons-nous à nos chefs?

R. La subordination.

D. Que devons-nous aux enfants?

R. Douceur, entretien, éducation, correction et bon exemple.

CHAPITRE VIII.

Suite de la Justice.

D. Que devons-nous aux vieillards?

R. Respect et secours.

D. Que devons-nous à nos ennemis?

R. De quels ennemis entends-tu parler?

D. Est-ce qu'il y a plusieurs sortes d'ennemis?

R. Oui, il y a deux sortes d'ennemis.

D. Quelles sont ces deux sortes d'ennemis?

R. Les ennemis publics et les ennemis particuliers.

D. Que doit-on aux ennemis publics?

R. La mort.

D. Que doit-on aux ennemis particuliers?

R. L'oubli des injures et le bien pour le mal.

CHAPITRE IX.

Des vices opposés à la justice.

D. Quels sont les vices opposés à la justice ?

R. Il y en a quatre principaux.

D. Quels sont-ils ?

R. Le vol, l'avarice, la chicane et l'égoïsme.

D. Qu'est-ce que voler ?

R. C'est prendre, garder ou recevoir ce qui ne nous appartient pas.

D. Qu'est-ce que l'avarice ?

R. C'est la passion de s'enrichir.

D. Qu'est-ce que la chicane ?

R. C'est l'amour des querelles ou des procès.

D. Qu'est-ce que l'égoïsme ?

R. C'est ce vice qui nous fait tout sacrifier à notre propre intérêt.

CHAPITRE X.

De la Prudence.

D. Qu'est-ce que la prudence ?

R. C'est une vertu qui consiste à prendre

les moyens les plus sûrs et les plus hon-
nêtes pour se conduire.

D. Comment acquiert-on la prudence?

R. On l'acquiert en s'instruisant.

D. La science est-elle utile à l'homme?

R. La science est la nourriture de notre
âme.

D. Quels sont les défauts contraires à la
prudence ?

R. Il y en a trois principaux.

D. Quels sont les défauts contraires à la prudence ?

R. Il y en a trois principaux.

D. Quels sont-ils ?

R. La présomption, l'ignorance et l'hypocrisie.

D. Qu'est-ce que la présomption ?

R. C'est ce vice avec lequel on se flatte de
savoir ce qu'on ignore.

CHAPITRE XI.

Suite de la prudence.

D. Qu'est-ce que l'ignorance ?

R. C'est le patrimoine des fripons.

D. Expliquez-nous cela?

R. L'ignorance nous met à la merci de tous ceux qui veulent nous tromper et qui savent ce que nous ignorons.

D. Quels maux produit l'ignorance?

R. Les plus grands sont la superstition et le fanatisme.

D. Qu'est-ce que la superstition?

R. C'est un respect religieux pour des actes ou des objets faux ou ridicules.

D. Qu'est-ce que le fanatisme?

R. C'est un amour aveugle, exclusif et passionné de nos sentiments.

D. Qu'est-ce que l'hypocrisie?

R. C'est l'art de cacher des vices sous l'apparences de vertus.

CHAPITRE XII.

De la Force.

D. Qu'est-ce que la force?

R. C'est cette vertu qui nous fait conserver l'égalité d'âme dans toutes les situations de la vie, et qui nous porte à entreprendre de grandes choses pour le bonheur de nos semblables.

D. Quelles sont les qualités qui découlent de cette vertu?

R. Les principales sont la patience, l'amour du travail, la modestie, la valeur et le patriotisme.

D. Quels sont les vices contraires à la force?

R. Les principaux sont la lâcheté, l'orgueil, l'envie, la bassesse et la colère.

D. Quelles sont les occasions où la force est le plus nécessaire?

R. Il y en a deux principales.

D. Quelles sont-elles?

R. La prospérité et l'infortune.

CHAPITRE XIII.

De la Modération.

D. Qu'est-ce que la modération?

R. C'est cette vertu qui consiste à user, comme il faut, de tous les avantages de la nature.

D. Cette vertu n'a-t-elle pas un autre nom?

R. On l'appelle autrement *tempérance.*

D. Est-il permis d'user de tout?

R. Oui, *usez, n'abusez pas, le sage ainsi l'ordonne.*

D. Quelles sont les autres vertus qui appar-
tiennent à la modération ou tempérance?

R. La sainteté, le désintéressement, la sim-
plicité, la frugalité.

D. Quels sont les vices contraires?

R. L'intempérance, la mollesse, l'inconti-
nence, la cupidité et l'ambition.

D. Le célibat n'est-il pas une vertu?

R. Au contraire cette privation peut devenir
un crime ou conduire au crime, quand
elle n'est pas commandée par la nature.

CHAPITRE XIV.

De la Bienfaisance.

D. Qu'est-ce que la bienfaisance?

R. C'est cette vertu qui consiste à faire du
bien à ses semblables.

D. Quelle règle peut-on observer à cet
égard?

R. La voici : *Faites aux autres comme vous vou-
driez qu'on vous fît à vous-même.*

D. Cette vertu est donc la même que la justice?

R. Il y a quelque différence.

D. Quelle est cette différence ?

R. C'est que la bienfaisance s'étend à des œuvres qui ne sont pas obligatoires.

R. Donnez-moi un exemple ?

R. Philémon meurt avec six enfants en bas âge, la justice m'oblige à les secourir ; mais il n'y a que la bienfaisance qui me puisse porter à adopter un de ses enfants.

D. Quelles sont les vertus qui dérivent de la bienfaisance ?

R. La bonté, la libéralité et la reconnaissance.

D. Quels sont les vices opposés ?

R. La vengeance, la cruauté, l'ingratitude.

CHAPITRE XV.

Des apôtres de la vérité.

D. Qu'est-ce qu'un apôtre de la vérité ?

R. C'est celui qui dit la vérité toute entière, aux dépens même de sa vie.

D. Est-ce qu'il y a du danger à dire la vérité ?

R. Il y en a partout où il se trouve des prêtres et des préjugés,

D. Parlez de quelques apôtres de la vérité?

R. Je vais vous parler de trois des plus célèbres.

D. Quel est le premier?

R. Socrate, qui était connu chez les Grecs pour le plus sage de tous les hommes, se rendit célèbre par ses leçons de philosophie qu'il donna à la jeunesse, et par l'adresse qu'il mit à dévoiler le charlatanisme et la fourberie des sophistes et des prêtres : ses ennemis furieux l'accusèrent devant le peuple d'être athée et mauvais citoyen. Le peuple superstitieux le laissa condamner à mort, et ne connut son erreur qu'après avoir perdu ce grand philosophe, dont les leçons avaient formé la pépinière des hommes célèbres qui brillèrent dans la Grèce, et l'ont fait regarder dans tous les temps comme le père de la philosophie.

D. Quel est le second?

R. Jésus-Christ, ami de la pauvreté, de l'égalité et de la vérité ; toujours entouré des enfants qu'il caressait, du peuple qu'il instruisait, ennemi courageux du mensonge et de l'hypocrisie des prêtres, de l'orgueil des docteurs de la loi, de la superstition des Pharisiens, vint annoncer au monde une doctrine toute fondée sur sur la charité, la fraternité, la patience, le mépris des richesses. Le peuple juif fut souvent ravi d'admiration en voyant ses œuvres et en écoutant ses discours ; mais superstitieux et lâche, il le livra ensuite à ses prêtres fanatiques, qui le firent mourir honteusement sur la croix. Socrate était mort entouré de ses amis, mais Jésus mourut entre deux voleurs, abandonné de ses disciples.

D. Quel est le troisième exemple ?

R. J.-J. Rousseau, ami de l'enfance, pour l'éducation de laquelle il a laissé les plus beaux ouvrages que l'on connaisse jusqu'à ce jour ; et la pauvreté qu'il a conservée en refusant constamment les gains et les présents considérables qu'on lui offrait de toutes parts ; des peuples dont il a développé et soutenu les droits si peu connus de son temps, mais en même temps ennemi des faux philosophes dont il a dénoncé l'ambition et l'intolérance ; des prêtres dont il a combattu l'hypocrisie, la corruption et le fanatisme ; des despotes dont il mit au grand jour les funestes usurpations et prédit la chute prochaine ; ce grand philosophe n'a recueilli pendant sa vie que persécutions et outrages. Chassé de Genève, sa patrie, il vint en France ; mait, dans cette nouvelle patrie qu'il aimais beaucoup, son courage à dire la vérité lui attira le mépris des grands, les anathèmes des prêtres, les avanies d'un peuple fanatisé. Ainsi mourut le héros de la philosophie, le précurseur de la Révolution française, le législateur de toutes les nations.

DÉCLARATION

DES

DROITS DE L'HOMME

ET DU CITOYEN.

Le peuple français, convaincu que l'oubli et le mépris des droits naturels de l'homme sont les seules causes des malheurs du monde, a résolu d'exposer dans une déclaration solennelle ces droits sacrés et inaliénables, afin que tous les citoyens, pouvant comparer sans cesse les actes du gouvernement avec le but de toute institution sociale, ne se laissent jamais opprimer et avilir par la tyrannie, afin que le peuple ait toujours devant les yeux les bases de sa liberté et de son bonheur ; le magistrat, la règle de ses devoirs ; le législateur, l'objet de sa mission.

En conséquence il proclame, en présence de l'Être suprême, la déclaration suivante des droits de l'homme et du citoyen.

ARTICLE PREMIER.

Le but de la société est le bonheur commun.

Le gouvernement est institué pour garantir à l'homme la jouissance de ses droits naturels et imprescriptibles.

2. Ces droits sont l'égalité, la liberté, la sûreté, la propriété.

3. Tous les hommes sont égaux par la nature et devant la loi.

4. La loi est l'expression libre et solennelle de la volonté générale; elle est la même pour tous; soit qu'elle protége, soit qu'elle punisse; elle ne peut ordonner que ce qui est juste et utile à la société : elle ne peut défendre que ce qui lui est nuisible.

5. Tous les citoyens sont également admissibles aux emplois publics. Les peuples libres ne connaissent d'autres motifs de préférence, dans leurs élections, que les vertus et les talents.

6. La liberté est le pouvoir qui appartient à l'homme de faire tout ce qui ne nuit pas aux droits d'autrui : elle a pour principe, la nature ; pour règle, la justice ; pour sauvegarde, la loi ; sa limite morale est dans cette maxime : *Ne fais pas à un autre ce que tu ne veux pas qu'il te soit fait.*

7. Le droit de manifester sa pensée et ses opinions, soit par la voie de la presse, soit de toute autre manière, le droit de s'assembler paisiblement, le libre exercice des cultes, ne peuvent être interdits.

La nécessité d'énoncer ces droits, suppose ou la présence, ou le souvenir récent du despotisme.

8. La sûreté consiste dans la protection accordée par la société à chacun de ses membres, pour la conservation de sa personne, de ses droits et de ses propriétés.

9. La loi doit protéger la liberté publique et individuelle contre l'oppression de ceux qui gouvernent.

10. Nul ne doit être accusé, arrêté, ni détenu, que dans les cas déterminés par la loi, et selon les formes qu'elle a prescrites ; tout

citoyen, appelé ou saisi par l'autorité de la loi, doit obéir à l'instant : il se rend coupable par la résistance.

11. Tout acte exercé contre un homme hors des cas et sans les formes que la loi détermine, est arbitraire et tyrannique : celui contre lequel on voudrait l'exécuter par la violence, a le droit de le repousser par la force.

12. Ceux qui solliciteraient, expédieraient, signeraient, exécuteraient ou feraient exécuter des actes arbitraires, sont coupables, et doivent être punis.

13. Tout homme étant présumé innocent jusqu'à ce qu'il ait été déclaré coupable, s'il est jugé indispensable de l'arrêter, toute rigueur qui ne serait pas nécessaire pour s'assurer de sa personne, doit être sévèrement réprimée par la loi.

14. Nul ne doit être jugé et puni, qu'après avoir été entendu ou légalement appelé, et qu'en vertu d'une loi promulguée antérieurement au délit. La loi qui punirait des délits commis avant qu'elle existât, serait

une tyrannie : l'effet rétroactif donné à la loi serait un crime.

15. La loi ne doit décerner que des peines strictement et évidemment nécessaires : les peines doivent être proportionnées au délit, et utiles à la société.

16. Le droit de propriété est celui qui appartient à tout citoyen, de jouir et de disposer à son gré de ses biens, de ses revenus, du fruit de son travail et de son industrie.

17. Nul genre de travail, de culture, de commerce, ne peut être interdit à l'industrie des citoyens.

18. Tout homme peut engager ses services, son temps ; mais il ne peut se vendre ni être vendu. Sa personne n'est pas une propriété aliénable. La loi ne connaît point de domesticité ; il ne peut exister qu'un engagement de soins et de reconnaissance entre l'homme qui travaille et celui qui l'emploie.

19. Nul ne peut être privé de la moindre portion de sa propriété, sans son consentement, si ce n'est lorsque la nécessité publique, légalement constatée, l'exige, et sous la

condition d'une juste et préalable indemnité.

20. Nulle contribution ne peut être établie que pour l'utilité générale. Tous les citoyens ont droit de concourir à l'établissement des contributions, d'en surveiller l'emploi, et de s'en rendre compte.

21. Les secours publics sont une dette sacrée. La société doit la subsistance aux citoyens malheureux, soit en leur procurant du travail, soit en assurant les moyens d'exister à ceux qui sont hors d'état de travailler.

22. L'instruction est le besoin de tous. La société doit favoriser de tout son pouvoir les progrès de la raison publique, et mettre l'instruction à la portée de tous les citoyens.

23. La garantie sociale consiste dans l'action de tous, pour assurer à chacun la jouissance et la conservation de ses droits : cette garantie repose sur la souveraineté nationale.

24. Elle ne peut exister, si les limites des fonctions publiques ne sont pas clairement déterminées par la loi, et si la responsabilité de tous les fonctionnaires n'est pas assurée.

25. La souveraineté réside dans le peuple.

Elle est une et indivisib'e, imprescriptible et inaliénable.

26. Aucune portion du peuple ne peut exercer la puissance du peuple entier ; mais chaque section d'une souveraine assemblée doit jouir du droit d'exprimer sa volonté avec une entière liberté.

27. Que tout individu qui usurperait la souveraineté, soit à l'instant mis à mort par les hommes libres.

28. Un peuple a toujours le droit de revoir, de réformer et de changer sa Constitution. Une génération ne peut assujettir à ses lois les générations futures.

29. Chaque citoyen a un droit égal de concourir à la formation de la loi, et à la nomination de ses mandataires ou de ses agents.

30. Les fonctions publiques sont essentiellement temporaires ; elles ne peuvent être considérées comme des distinctions ni comme des récompenses, mais comme des devoirs.

31. Les délits des mandataires du peuple et de ses agents ne doivent jamais être im-

punis. Nul n'a le droit de se prétendre plus inviolable que les autres citoyens.

32. Le droit de présenter des pétitions aux dépositaires de l'autorité publique ne peut, en aucun cas, être interdit, suspendu ni limité.

33. La résistance à l'oppression est la conséquence des autres droits de l'homme.

34. Il y a oppression contre le corps social lorsqu'un seul de ses membres est opprimé. Il y a oppression contre chaque membre lorsque le corps social est opprimé.

35. Quand le gouvernement viole les droits du peuple, l'insurrection est pour le peuple et pour chaque portion du peuple, le plus sacré des droits et le plus indispensable des devoirs.

Signé, COLLOT-D'HERBOIS, *Président ;* DURAND-MAILLANE, DUCOS, MÉAULLE, CH. DELACROIX, GOSSUIN, P. A. LALOY, *Secrétaires.*

LES DIX COMMANDEMENTS

DE LA

RÉPUBLIQUE FRANÇAISE.

————

I. Français, ton pays défendras,
   Afin de vivre librement.
II. Tous les tyrans tu poursuivras,
   Jusqu'au-delà de l'Indostan.
III. Les lois, les vertus soutiendras,
   Même s'il le faut de ton sang.
IV. Les perfides dénonceras,
   Sans le moindre ménagement.
V. Jamais foi tu n'ajouteras,
   A la conversion des grands.
VI. Comme un frère soulageras,
   Ton compatriote souffrant.
VII. Lorsque vainqueur tu te verras,
   Sois fier, mais compatissant.
VIII. Sur les emplois tu veilleras,
   Pour en expulser l'intrigant.
IX. Février tu sanctifieras,
   Pour l'aimer éternellement.
X. Le bien des fuyards verseras,
   Sur le Prolétaire indigent.

LES SIX COMMANDEMENTS

DE LA RÉPUBLIQUE.

I. A ta section tu te rendras,
    De cinq en six jours strictement.
II. Connaissance de tout prendras,
    Pour ne pêcher comme ignorant.
III. Lors ton vœu tu émettras,
    Que ce soit toujours franchement.
IV. Tes intérêts discuteras,
    Ceux des autres pareillement.
V. Jamais tu ne cabaleras,
    Songe que la loi le défend.
VI. Toujours tes gardes monteras,
    Par toi-même exactement.

MAXIMES RÉPUBLICAINES.

Tous les matins, lève, en sortant du lit, les yeux vers le ciel. Tout y retrace l'idée de la Divinité; le vrai culte qu'elle exige de toi, c'est le travail; et tu ne peux mieux la servir qu'en obéissant aux lois, dont tes pères et mères sont les organes.

1. L'enfant qu'on n'ose ni punir ni corriger, est bien à plaindre. C'est un enfant gâté, qui reprochera un jour amèrement à ses père et mère, l'indulgence dont ils auront usé à son égard.

2. Veux-tu connaître tes devoirs? lis-les sur le visage de tes parents. C'est un miroir fidèle qui te retrace la satisfaction ou le mécontentement qu'ils éprouvent de ta conduite.

3. Imite l'exemple de tes père et mère, si leurs vertus peuvent te servir de modèle, mais, s'ils ont des défauts, prends soin de les éviter.

4. Le premier des devoirs d'un enfant est l'obéissance. Quels que soient les ordres qu'on lui donne, il doit obéir sans résistance et sans humeur.

5. Malheur à celui qui n'a rien à faire. Un ennui mortel est son partage. Le travail est le devoir de l'homme et son consolateur.

6. Heureux celui qui naît avec de grands talents, mais n'y met pas une si grande importance; car on aime beaucoup mieux un modeste ignorant qu'un savant orgueilleux.

7. Quand tu voudras faire le bien, ne mendie pas des témoins. La vertu trouve son prix dans notre propre cœur; il serait à craindre que la trop grande publicité d'une telle action n'énorgueillît celui qui l'a faite.

8. C'est un penchant bien vil que l'orgueil! L'enfant promptement méprise tout ce qui l'environne : il ne paraît se plaire que dans ce qu'il fait.

9. Si tu veux être vraiment vertueux, conserve un empire constant sur tes passions. Celui-là est un esclave qui se livre sans mesure à l'emportement de son caractère.

10. Ne fais à autrui que ce que tu voudrais qu'on te fît à toi-même. Cette maxime-là est la base de toutes les vertus républicaines.

11. Si ton concitoyen a besoin de toi, empresse-toi de lui donner des secours. Demain peut-être auras-tu besoin de lui.

12. La reconnaissance est un des principaux biens des sociétés. N'oublie donc pas tous les services qui t'ont été rendus.

12. Sois doux, affable, complaisant. Un enfant est toujours sûr d'être aimé, quand il montre un caractère franc et loyal.

14. Le sel de la plaisanterie est toujours agréable, quand il est bien employé : mais le ton goguenard déplaît beaucoup, et les enfants surtout doivent être fort circonspects sur ce point.

15. L'amitié est un sentiment plus doux encore pour les enfants que pour les hommes faits ; il ne faut pourtant pas se livrer avec abandon à tout le monde; et le choix d'un ami exige beaucoup de prudence.

16. Honore, mon fils, les vieillards ; suis leurs conseils. Ils ont pour eux l'expérience et la maturité.

17. Si tu es jaloux de conserver ta santé, sois sobre. Le gourmand qui veut aller au-delà du besoin, périt infailliblement à la fleur de l'âge.

18. La propreté est une vertu vraiment républicaine. Cependant, ne sois pas assez prodigue de ton temps, pour en perdre beaucoup à ta parure.

19. Un sentiment bas, méprisable, ignoble, est celui

des esclaves qui s'extasient sur des monceaux d'or. La médiocrité est le propre du Républicain, qui dédaigne tout ce qui excède ses besoins.

20. Ne t'habitue pas au jeu d'intérêt. Ce vice-là produit les plus grands malheurs. Un homme qui est assez imprudent pour confier sa fortune au hasard, doit s'attendre aux événements les plus funestes.

21. Évite les accès de colère et d'emportement. Un enfant né avec un caractère violent, doit faire tous ses efforts pour en adoucir l'âpreté.

22. C'est un crime affreux que la calomnie. Un enfant qui dit du mal de son concitoyen est peut-être aussi coupable que celui qui lui plongerait le poignard dans le sein.

23. Quiconque sait cacher un cœur coupable sous le masque de la vertu, est un hypocrite. Un tel homme est le fléau de la société.

24. L'homme faux flatte sans pudeur ceux mêmes qui le méritent le moins. Cet homme-là est un lâche, qui ne vit qu'aux dépens de celui qui l'écoute.

25. Un cœur franc et loyal n'est pas accessible à la haine. Si quelqu'un t'a fait du tort, explique-toi franchement avec lui, et oublie l'injure qu'il t'a faite.

26. La vertu est propre au Républicain. Ainsi, la défiance doit être bannie du sein de la République; car un homme défiant juge mal de son prochain.

27. Évite la prodigalité; ou bientôt tu regretterais un bien que tu aurais mal employé.

28. Ne tiens pas avec opiniâtreté à tes opinions. Ce sont toujours les sots qui sont les plus entêtés.

29. Ne parle qu'à propos. Un bavard est détesté partout où il se trouve, parce que, pour un bon mot qui lui échappe, il prononce mille sottises.

30. Ne soyez pas, mes enfants, jaloux les uns des autres. Si un camarade a fait plus de progrès que vous, redoublez d'efforts pour augmenter les vôtres, au lieu d'envier lâchement ses succès.

31. Pour peu que tu sois bien, sache t'en contenter; un cœur insatiable, en cherchant mieux finit communément par trouver pire.

32. Ne t'écarte jamais des lois sévères de la décence; car, à tout âge, on ne plaît que par sa candeur et son innocence.

33. Ne cherche jamais à pénétrer les secrets qu'on veut te cacher. La curiosité indiscrète est un vice qui blesse ceux avec lesquels tu dois vivre.

34. Un honnête homme est toujours discret. Ainsi, si l'on t'a fait une confidence, sache bien la garder.

35. Montre, dans tout ce que tu feras, de l'aisance, du goût, et le désir de plaire. Un enfant maladroit importune et déplaît.

36. Que la prudence éclaire toujours tes démarches. Il n'est aucun danger qu'on ne puisse éviter avec prévoyance.

37. Il ne faut, mon fils, ni tromper, ni mentir. L'homme honnête dit toujours la pure vérité; jamais le mensonge ne doit salir la bouche d'un Républicain.

38. Écoute, mon fils, cette maxime sublime que je trouve dans notre constitution : « La République fran- » çaise honore la loyauté, le courage, la vieillesse, la » piété filiale et le malheur. »

PRIÈRE RÉPUBLICAINE.

Gloire à Dieu seul ! salut à tous ceux qui l'adorent, sans hypocrisie, du fond de leur cœur ! Je suis leur frère et leur ami, quelles que soient leurs opinions.

Dieu de toute justice, Être éternel, suprême, souverain arbitre de la destinée de tous les hommes; toi, qui es l'auteur de tout bien et de toute justice, pourrais-tu rejeter la prière d'hommes vertueux qui ne veulent que justice et liberté ?

Ah ! si notre cause est injuste, ne la défends pas. La prière de l'impie est un second péché; c'est t'outrager que de te demander ce qui n'est pas conforme à ta volonté sainte! mais si nous ne sommes à tes genoux que pour obtenir ce que tu nous commandes, toi-même; si nous te demandons que la puissance dont tu nous a revêtus soit favorable à nos vœux, prends sous ta protection sainte une nation généreuse, qui ne combat que pour l'égalité; ôte à nos ennemis déraisonnables la force criminelle de nous nuire; brise les fers que ces Cyclopes orgueilleux veulent nous forger.

Bénis le drapeau de l'union sous lequel nous voulons tous nous réunir pour obtenir notre indépendance.

Bénis les généreux Parisiens, qui, depuis quatre ans, exposent leur vie et leur fortune pour défendre leur patrie et la gloire.

Bénis les saintes phalanges de notre bouillante jeunesse, qui brave la mort pour confondre les tyrans.

Bénis les familles respectables de ces vertueux enfants de la patrie, qui te prient de leur accorder victoire.

Bénis nos armées, nos assemblées, nos clubs et tous nos vertueux fonctionnaires publics. Donne des lumières à nos législateurs, et des forces à nos ministres.

Ouvre les yeux de nos frères égarés; fais que, rendus à la raison, ils rentrent paisiblement dans leurs foyers, pour jouir avec nous des précieux fruits de l'égalité, et pour chanter avec nous tes concerts, tes louanges dans les siècles des siècles. Ainsi soit-il.

SERMENT RÉPUBLICAIN.

Nous promettons en Républicains que nous exterminerons tous les tyrans, tous les despotes coalisés contre notre sainte Liberté; que nous promènerons le niveau redoutable de l'égalité pour abattre tout ce qui s'élèvera au-dessus de l'expression solennelle de la volonté générale; que nous prêterons l'appui fraternel de notre bras à tout Républicain opprimé ou injustement persécuté ; que nous serons toujours la force du faible, et le contre-poids du puissant, les amis des citoyens indigents, et les implacables ennemis de l'opulent égoïste ; que nous combattrons et poursuivrons tous les abus, restes impurs de la monarchie et d'un despotisme corrupteur ; que nous protégerons les chaumières, et renverserons tout ce qui pourrait inquiéter la Liberté ; qu'autant qu'il sera en notre pouvoir, nulle bastille ne sera sur la terre, nul tyran sur son trône, nul peuple dans les fers ; que tous les hommes trouveront en nous des frères, et tous nos concitoyens des soutiens inébranlables de la République française une et indivisible. Nous le jurons par les ruines de la Bastille nous le jurons par les droits immortels de l'homme et du citoyen.

FIN.

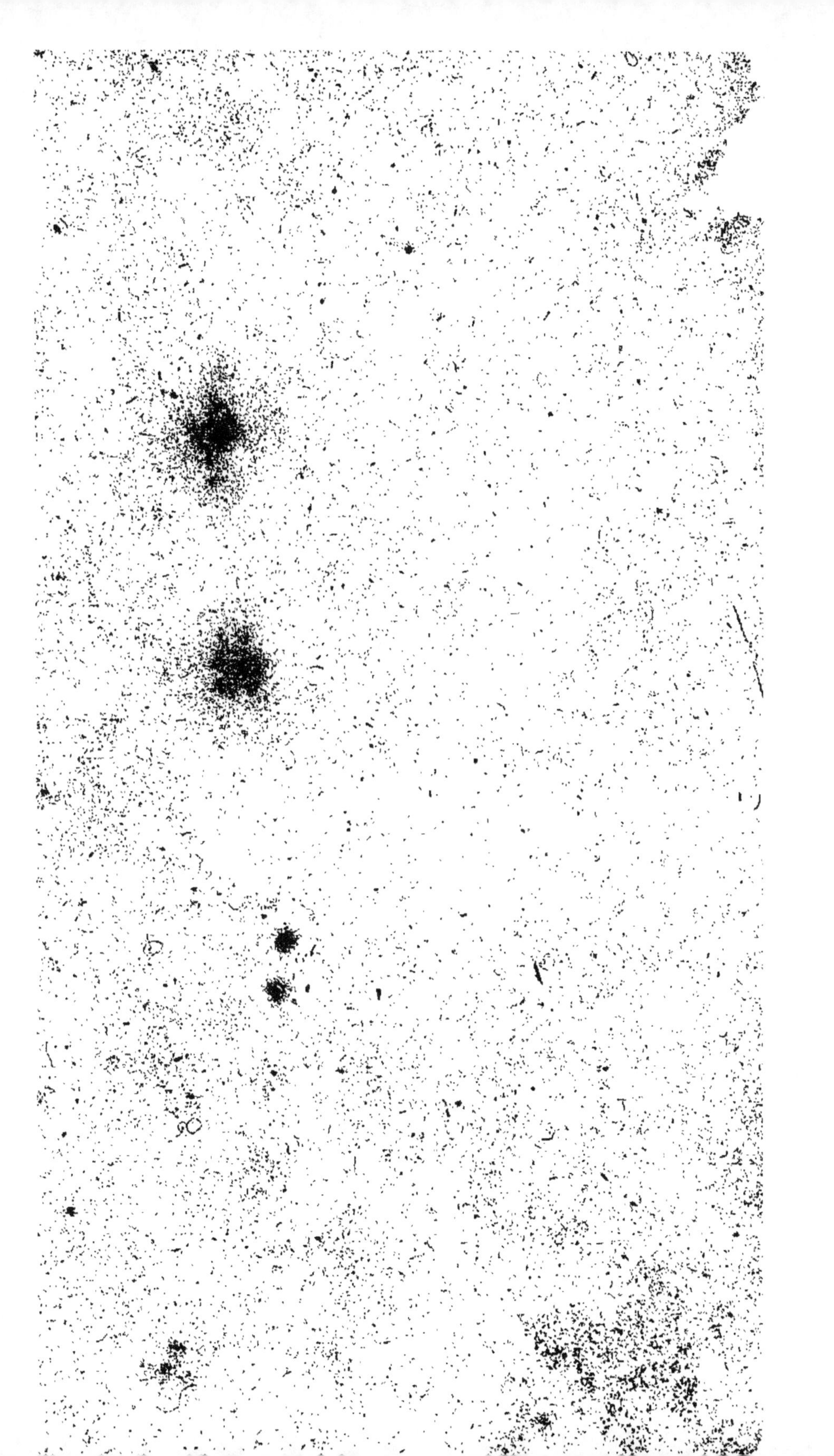